8° L⁴¹
224 b

Lb $^{41}_{224}$

BEAUMARCHAIS

A SA

FAMILLE.

MA pauvre femme, et toi, ma charmante fille, je ne sçais ou vous êtes, ni ou vous écrire, ni même par qui vous donner de mes nouvelles, lorsque j'apprends, par les Gazettes, que le scellé est mis une troisiéme fois depuis quatre mois sur ma maison de Paris, et que je suis décrété d'accusation pour cette misérable affaire des Fusils de Hollande, a laquelle on a joint une abomination d'un genre plus serieux pour aller plus vite avec moi. Je charge donc tous les honnêtes gens qui lisent les Gazettes etrangéres d'avoir l'humanité de vous dire, ô mes chéres tendresses, que c'est de Londres de cette terre hospitaliére et généreuse où tous les hommes persécutés dans leur patrie trouvent un abri consolateur, que je vous prie de ne point vous affliger sur moi. Se vois vos douleurs à toutes, les larmes de ma fille me tombent sur le cœur, et le navrent, mais c'est mon unique chagrin.

La Convention Nationale trompée par le plus cruel amphigouri qui soit jamais sorti de la bouche d'un dénonciateur, a conclu contre moi, *sur la foi de le Cointre*, à un décret d'accusation. Mais ceux qui ont trompé le

Cointre

Cointre sentant bien qu'une pareille attaque ne soutiendrait pas huit minutes d'examen ont imaginé de jetter une si grande defaveur sur moi, qu'elle fit couler rapidement sur tout le reste. Ils m'ont fait dénoncer, comme ayant écrit a Louis seize, et m'ont rangé parmi les grands conspirateurs unis contre la liberté Française.

Mais cette accusation plus grave que la premiere a encore moins de fondement. Soyez tranquilles, ma femme et mes deux soeurs! Séche tes larmes, ma douce et tendre fille; elles troublent la sérénité dont ton père a besoin pour éclairer la Convention Nationale sur de graves objets qu'il lui importe de connaitre, et faire rentrer avec opprobre toutes ces lâches calomnies dans l'enfer qui les enfanta.

Je n'ai jamais écrit au Roi Louis seize ni pour ni contre la Revolution; et si je l'avais fait, je serais glorieux de le publier hautement; car nous ne sommes plus au tems ou les hommes de courage avaient besoin de s'amoindrir lorsqu'ils écrivaient aux puissances. A la hauteur des évenemens, j'aurais dit á ce Prince de telles vérités qu'elles auraient pu detourner ses malheurs et surtout prèvenir les maux qui dechirent le sein de notre malheureuse France.

Les seules relations directes que j'aie jamais eues avec ce Roi par l'intervention de ses ministres, remontent á la première année de son regne, il y a 18 ans, au moment ou il s'elevait á ce thrône, d'ou un caractére trop faible, bien des fautes, et la fortune viennent de le faire cheoir si misérablement.

Je

Je suis bien éloigné de trahir ma patrie pour la liberté de laquelle j'ai fait long tems des vœux, et depuis, de grands sacrifices : et toutes ces viles accusations qui se succédent contre moi à la Convention Nationale seraient la plus terrible des abominations, si elles n'etaient en même tems la plus stupide des bêtises.

Mais le Senat qu'on a surpris est juste, et je n'ai pas été entendu. L'espoir de tous mes ennemis sans doute, était que je ne le serais jamais : en m'arrêtant en pays étranger, ils se flattaient que ramené dans ma patrie avec l'odieux renom d'avoir trahi sa cause, des assassins gagés auraient renouvellé sur moi les scenes du 2. 7bre. ou que le peuple même indigné de ma trahison supposée m'aurait sacrifié en route avant qu'il fut possible de le désabuser. C'est la cinquiéme fois, depuis quatre mois, qu'ils ont tenté de me faire massacrer ; et sans la générosité d'un magistrat de la commune que je nommerai dans mon memoire avec une vive reconnaissance, et qui vint me tirer de l'abbaye six heures avant que toutes les voies en fussent fermées, j'y subissais le sort de tant de victimes innocentes.

Si je ne prouve pas sans replique, au gré de ma patrie, et de l'Europe entiére, que toute cette affreuse trame n'est qu' une vile scélératesse pour tâcher d'arriver á une grande friponnerie, et s'il y a une ligne de moi écrite au Roi Louis XVI. depuis 18 années, je dis anathême sur moi, sur ma personne et sur mes biens, et je cours me livrer au glaive de notre justice.

Je fais ma Petition à la Convention Nationale, pour la prier de distinguer la ridicule affaire des fusils, de la

trés

trés grave accusation d'une coupable correspondance : avant de me purger de la premiére, je dois étre lavé, ou mort sur mon travail de la seconde. Mais, au nom de Dieu, chére femme, si tu veux que je garde toute ma tête, defens à ta fille de pleurer.

CARON BEAUMARCHAIS.

Londres,
9 Dec. 1792.

www.ingramcontent.com/pod-product-compliance
Lightning Source LLC
Chambersburg PA
CBHW060553050426
42451CB00011B/1894